HIDE & SPEAK
FRENCH

Catherine Bruzzone and Susan Martineau
French adviser: Claudine Bharadia
Illustrated by Louise Comfort

BARRON'S

À la ferme - On the farm

1	**Le chat** court après **la souris**.	1	**The cat** is chasing **the mouse**.
2	**Le chien** dort au soleil.	2	**The dog** is sleeping in the sun.
3	**Le cheval** est dans l'écurie.	3	**The horse** is in the stable.
4	**La vache** donne du lait.	4	**The cow** gives milk.
5	**Le cochon** mange beaucoup!	5	**The pig** is eating a lot!
6	**Les moutons** sont dans le pré.	6	**The sheep** are in the pasture.
7	**Le canard** nage sur l'étang.	7	**The duck** is swimming on the pond.
8	**La chèvre** mange de l'herbe.	8	**The goat** is eating grass.

Les animaux de la ferme - Farm animals

le chat

leh shah

la souris

lah soo-ree

le chien

leh shee-yah

le cheval

leh sh-val

la vache

lah vash

le cochon

leh koh-shoh

le mouton

leh moo-toh

le canard

leh can-ar

la chèvre

lah shevr

3

Dans la salle de classe - In the classroom

1 **La maîtresse** crie "Silence!"	1 **The teacher** calls "Silence!"
2 Chantal est sur **la chaise**.	2 Chantal is on **the chair**.
3 Pierre est sous **la table**.	3 Peter is under **the table**.
4 Mathieu jette **le livre**.	4 Matthew is throwing **the book**.
5 Elisabeth griffonne avec **les crayons de couleur**.	5 Elisabeth is scribbling with **the colored pencils**.
6 Robert laisse tomber **la colle**.	6 Robert drops **the glue**.
7 Marie coupe **le papier**.	7 Mary is cutting up **the paper**.
8 **Le stylo** est sur **la table.**	8 **The pen** is on **the table**.
9 Et Paul joue tranquillement avec **l'ordinateur**!	9 And Paul is playing quietly with **the computer**!

la maîtresse

lah met-ress

la chaise

lah shez

la table

lah tabl'

le livre

leh leevr'

le crayon de couleur

leh cray-oh deh cool-err

la colle

lah koll

le papier

leh papee-eh

le stylo

leh steelo

l'ordinateur

lordeenat-err

Touche ta tête - Touch your head

1	Je touche **ma tête**.	1	I'm touching **my head**.
2	Je touche **mes yeux**.	2	I'm touching **my eyes**.
3	Je touche **mon nez**.	3	I'm touching **my nose**.
4	Je touche **ma bouche**.	4	I'm touching **my mouth**.
5	Je touche **mes épaules**.	5	I'm touching **my shoulders**.
6	Je touche **mon bras**.	6	I'm touching **my arm**.
7	Je touche **ma main**.	7	I'm touching **my hand**.
8	Je touche **ma jambe**.	8	I'm touching **my leg**.
9	Je touche **mon pied**.	9	I'm touching **my foot**.

la tête

lah tet

les yeux

layz-yer

le nez

leh neh

la bouche

lah boosh

les épaules

layz eh-pol

le bras

leh brah

la main

lah mah

la jambe

lah shahmb

le pied

leh pee-eh

Dans la jungle - In the jungle

1	une coccinelle **rouge**		1	a **red** ladybug
2	un papillon **bleu**		2	a **blue** butterfly
3	une feuille **verte**		3	a **green** leaf
4	un fruit **jaune**		4	a **yellow** fruit
5	un perroquet **orange**		5	an **orange** parrot
6	une fourmi **noire**		6	a **black** ant
7	un papillon **blanc**		7	a **white** butterfly
8	une fleur **violette**		8	a **purple** flower
9	une branche **marron**		9	a **brown** branch

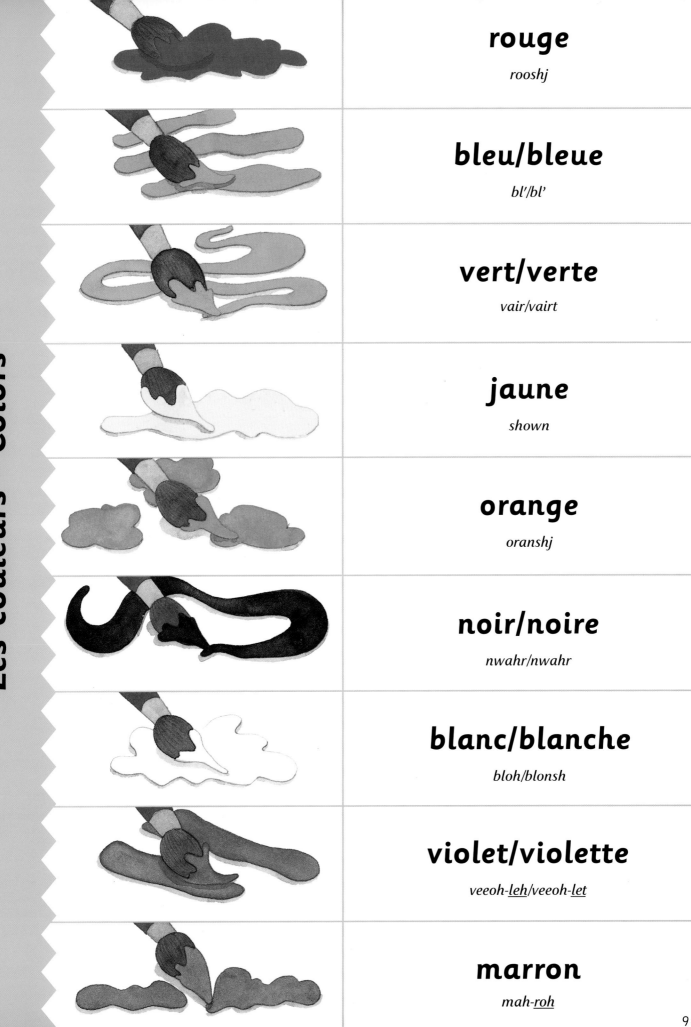

rouge

rooshj

bleu/bleue

bl'/bl'

vert/verte

vair/vairt

jaune

shown

orange

oranshj

noir/noire

nwahr/nwahr

blanc/blanche

bloh/blonsh

violet/violette

veeoh-leh/veeoh-let

marron

mah-roh

Le coffre à déguisement - The dress-up chest

1	Je mets **la jupe**.	1	I'm putting on **the skirt**.
2	Tu mets **la robe**?	2	Are you putting on **the dress**?
3	Caroline met **le pantalon**.	3	Caroline is putting on **the pants**.
4	Jacques met **le manteau**.	4	Jack is putting on **the coat**.
5	Nous mettons **les chaussures**.	5	We're putting on **the shoes**.
6	Jean et Denis mettent **la chemise**.	6	John and Denis are putting on **the shirt**.
7	Claudine met **le pyjama**.	7	Claudine is putting on **the pajamas**.
8	Le bébé met **les chaussettes**.	8	The baby is putting on **the socks**.
9	Le chien met **le chapeau**.	9	The dog is putting on **the hat**.

la jupe

lah shoop

la robe

lah rob

le pantalon

leh pantah-loh

le manteau

leh manto

les chaussures

lay showss-yoor

la chemise

lah sher-meez

le pyjama

leh peeshah-mah

les chaussettes

lay show-set

le chapeau

leh shapo

Une journée au zoo - A day at the zoo

1 **La girafe** a un petit.

2 **Le lion** dort sous l'arbre.

3 **Le tigre** mange son repas.

4 **L'éléphant** se lave.

5 **Le crocodile** nage dans le lac.

6 **Le serpent** est dans l'arbre.

7 **L'ours blanc** grimpe sur un rocher.

8 **L'hippopotame** aime la boue.

9 **Le dauphin** saute en l'air.

1 **The giraffe** has a baby.

2 **The lion** is sleeping under the tree.

3 **The tiger** is eating its meal.

4 **The elephant** is washing.

5 **The crocodile** is swimming in the lake.

6 **The snake** is in the tree.

7 **The polar bear** is climbing on a rock.

8 **The hippopotamus** likes mud.

9 **The dolphin** is jumping in the air.

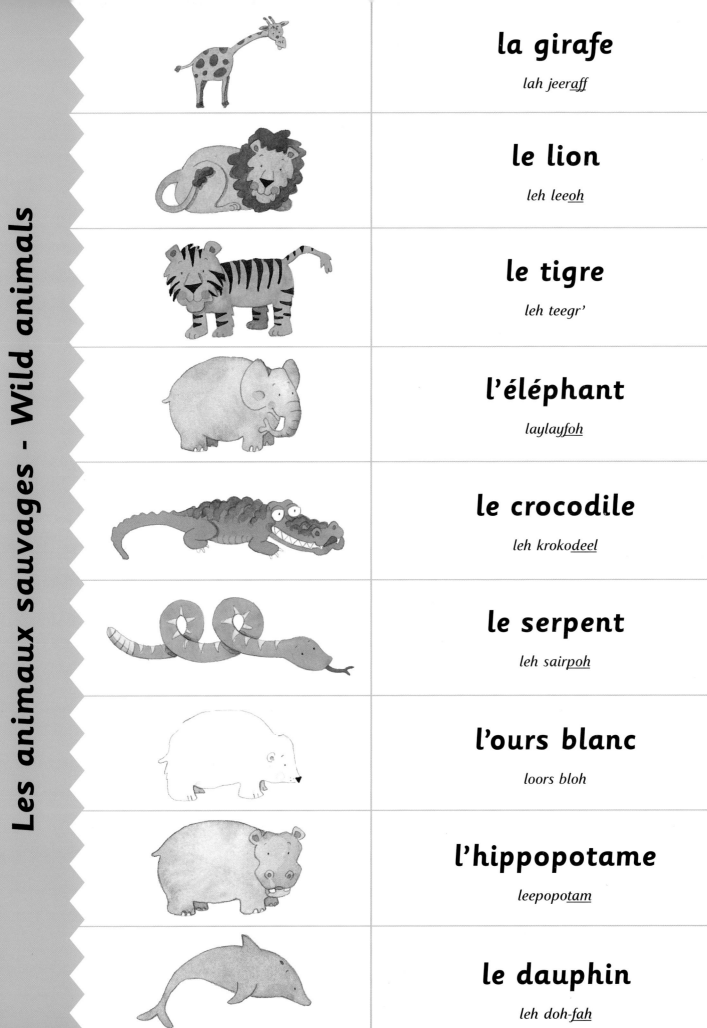

Les animaux sauvages - Wild animals

la girafe

lah jeeraff

le lion

leh leeoh

le tigre

leh teegr'

l'éléphant

laylayfoh

le crocodile

leh krokodeel

le serpent

leh sairpoh

l'ours blanc

loors bloh

l'hippopotame

leepopotam

le dauphin

leh doh-fah

13

1 La femme traverse **la rue**.	1 The woman is crossing **the street**.
2 Les enfants sont sur **le trottoir**.	2 The children are on **the sidewalk**.
3 **L'autobus** s'arrête à **l'arrêt d'autobus**.	3 **The bus** stops at **the bus stop**.
4 **Le camion** s'arrête **aux feux**.	4 **The truck** stops at **the traffic light**.
5 Le garçon est sur **la bicyclette**.	5 The boy is on **the bicycle**.
6 **La voiture** est rouge.	6 **The car** is red.
7 **La voiture de police** roule vite.	7 **The police car** is going fast.

la rue

lah roo

le trottoir

leh trotwah

l'autobus

low-toh-boos

l'arrêt d'autobus

larreh dow-toh-boos

le camion

leh kamee-oh

les feux

lay fer

la bicyclette

lah beesee-klet

la voiture

lah vwot-yoor

la voiture de police

lah vwot-yoor deh polees

15

À la plage - At the beach

1	**La mer** est bleue.	1	**The sea** is blue.
2	**Le sable** est jaune.	2	**The sand** is yellow.
3	**La mouette** mange **le poisson**.	3	**The seagull** is eating **the fish**.
4	**Les algues** sont vertes.	4	**The seaweed** is green.
5	**Le coquillage** est sur **le rocher**.	5	**The shell** is on **the rock**.
6	Les enfants sont dans **le voilier**.	6	The children are in **the sailboat**.
7	Il y a beaucoup de grandes **vagues**.	7	There are lots of big **waves**.

la mer

lah mair

le sable

leh sabl'

la mouette

lah moo-et

le poisson

leh pwahssoh

les algues

layzalg

le coquillage

leh kokeeah-sh

le rocher

leh rosheh

le voilier

leh vwalee-eh

la vague

lah vahg

Ma famille - My family

1	**Ma mère** est assise à la table.	1	**My mother** is sitting at the table.
2	**Mon père** parle avec **mon grand-père**.	2	**My father** is talking to **my grandfather**.
3	**Mon frère** joue avec son train.	3	**My brother** is playing with his train.
4	**Ma grand-mère** mange les spaghetti.	4	**My grandmother** is eating spaghetti.
5	**Ma tante** aide **ma sœur**.	5	**My aunt** is helping **my sister**.
6	**Mon oncle** boit de l'eau.	6	**My uncle** is drinking some water.
7	**Mes cousins** regardent la télévision.	7	**My cousins** are watching television.

La famille - The family

ma mère/maman
mah mair/mamoh

mon père/papa
moh pair/papah

ma sœur
mah sir

mon frère
moh frair

ma grand-mère
mah groh-mair

mon grand-père
moh groh-pair

ma tante
mah tohnt

mon oncle
mononkl'

mes cousins
meh koozah

C'est la fête - Party time!

1	Sophie mange **un sandwich**.	1	Sophie is eating **a sandwich**.
2	Le bébé veut **du chocolat**.	2	The baby wants **some chocolate**.
3	**Le gâteau** est sur la table.	3	**The cake** is on the table.
4	**Les frites** sont chaudes!	4	**The french fries** are hot!
5	**La pizza** est presque finie.	5	**The pizza** is almost finished.
6	Henri prend **une glace**.	6	Henry has **an ice-cream**.
7	Tu veux **du coca** ou **du jus d'orange**?	7	Do you want **soda** or **orange juice**?
8	Je préfère de **l'eau**.	8	I prefer **water**.

le sandwich

leh sondweech

le chocolat

leh shokolah

le gâteau

leh gatoh

les frites

lay freet

la pizza

lah peet-sah

la glace

lah glas

le coca

leh kokah

le jus d'orange

leh shoo d'oronsh

l'eau

loh

Acheter les jouets - Shopping for toys

1	**Le nounours** est plus grand que le garçon.	1	**The teddy bear** is bigger than the boy.
2	Alice joue avec **le robot**.	2	Alice is playing with **the robot**.
3	Olivier veut acheter **la balle**.	3	Oliver wants to buy **the ball**.
4	Tu préfères **le puzzle** ou **le jeu**?	4	Do you prefer **the puzzle** or **the game**?
5	**Le baby-foot** est vraiment marrant!	5	**Table soccer** is really fun!
6	Carole et Guillaume regardent **le jeu-vidéo**.	6	Carol and William are looking at **the computer game**.
7	Papa achète **la maquette d'avion**.	7	Dad is buying **the model airplane kit**.
8	Les filles aiment **les perles**.	8	The girls like **the beads**.

Les jouets - Toys

le nounours
leh noo-noorss

le robot
leh roh-boh

la balle
lah bal

le puzzle
leh pooz-leh

le jeu
leh sher

le baby-foot
leh baby-foot

le jeu-vidéo
leh sher veedeh-oh

la maquette d'avion
lah maket davee-oh

les perles
lay pairl

23

Faire la vaisselle - Doing the dishes

1	Papa fait la vaisselle dans **l'évier**.	1	Daddy is doing the dishes in **the sink**.
2	Maman coupe la pomme avec **le couteau**.	2	Mommy is cutting the apple with **the knife**.
3	**La cuillère** et **la fourchette** sont sales.	3	**The spoon** and **the fork** are dirty.
4	Julie prend **un verre** d'eau.	4	Julie has **a glass** of water.
5	Le chat regarde dans **le frigo**!	5	The cat is looking in **the fridge**!
6	**L'assiette** tombe.	6	**The plate** is falling.
7	**Les casseroles** sont sur **la cuisinière**.	7	**The pots** are on **the stove**.

l'évier

layv-eeh

le couteau

leh kootoh

la cuillère

lah kwee-air

la fourchette

lah foor-shet

le verre

leh vair

le frigo

leh free-goh

l'assiette

lassee-et

la casserole

lah kasserol

la cuisinière

lah kweezeen-yair

À la campagne - In the country

1	Hélène monte dans **l'arbre**.	1	Helen is climbing **the tree**.
2	**L'herbe** est verte.	2	**The grass** is green.
3	**Le champ** est plein de **fleurs**.	3	**The field** is full of **flowers**.
4	**La montagne** est très haute.	4	**The mountain** is very high.
5	Il y a beaucoup **d'arbres** dans **la forêt**.	5	There are a lot of **trees** in **the forest**.
6	**Le pont** enjambe **la rivière**.	6	**The bridge** crosses **the river**.
7	**L'oiseau** fait son nid.	7	**The bird** is making its nest.

l'arbre

larbr'

l'herbe

lairb

le champ

leh shom

la fleur

lah fler

la montagne

lah mon<u>tyn-y</u>'

la forêt

lah for<u>eh</u>

le pont

leh pon

la rivière

lah reevee-<u>air</u>

l'oiseau

lwuz-<u>oh</u>

L'heure du bain - Bathtime

1 Guy se lave avec **le savon**.	1 Guy is washing himself with **the soap**.
2 **Le lavabo** est plein d'eau.	2 **The sink** is full of water.
3 Luc joue avec **la douche**.	3 Luke is playing with **the shower**.
4 Le chat dort sur **la serviette**.	4 The cat is sleeping on **the towel**.
5 **Les cabinets** sont à côté de **la baignoire**.	5 **The toilet** is next to **the bathtub**.
6 Madeleine met **le dentifrice** sur **la brosse à dents**.	6 Madeleine is putting **toothpaste** on **the toothbrush**.
7 **Le miroir** est au-dessus **du lavabo**.	7 **The mirror** is above **the sink**.

le savon

leh savoh

le lavabo

leh lavaboh

la douche

lah doosh

la serviette

lah sairvee-et

les cabinets

lay kabeen-eh

la baignoire

lah beyn-nwahr

le dentifrice

leh dontee-frees

la brosse à dents

lah bross ah dohn

le miroir

leh meerwahr

29

Dans ma chambre - In my bedroom

1 Je dors dans **mon lit**.	1 I'm sleeping in **my bed**.
2 **Le réveil** est sur **l'étagère**.	2 **The alarm clock** is on **the shelf**.
3 J'aime regarder **la télévision**.	3 I like watching **television**.
4 **Mon lit** est près de **la fenêtre**.	4 **My bed** is near **the window**.
5 Mes vêtements sont dans **mon armoire**.	5 My clothes are in **my closet**.
6 **Mon Walkman** est sur **le tapis**.	6 **My cassette player** is on **the rug**.
7 Maman ouvre **la porte**.	7 Mommy is opening **the door**.

le lit

leh lee

le réveil

leh reh-vay

l'étagère

laytah-shair

la télévision

lah tay-layveezeeoh

la fenêtre

lah f'nair-tr'

l'armoire

larm-wahr

le Walkman

leh wokman

le tapis

leh tapee

la porte

lah port

Word list

À la ferme p. 2
On the farm
Les animaux de la ferme
Farm animals

le canard	duck
le chat	cat
le cheval	horse
la chèvre	goat
le chien	dog
le cochon	pig
le mouton	sheep
la souris	mouse
la vache	cow

Dans la salle de classe p. 4
In the classroom
La salle de classe
The classroom

la chaise	chair
la colle	glue
le crayon de couleur	colored pencil
le livre	book
le papier	paper
la maîtresse	teacher
l'ordinateur	computer
le stylo	pen
la table	table

Touche ta tête p. 6
Touch your head
Le corps
The body

la bouche	mouth
le bras	arm
les épaules	shoulders
la jambe	leg
la main	hand
le nez	nose
le pied	foot
la tête	head
les yeux	eyes

Dans la jungle p. 8
In the jungle
Les couleurs
Colors

blanc/blanche	white
bleu/bleue	blue
jaune	yellow
marron	brown
noir/noire	black
orange	orange
rouge	red
vert/verte	green
violet/violette	purple

Le coffre à déguisement p. 10
The dress-up chest
Les vêtements
Clothes

le chapeau	hat
les chaussettes	socks
les chaussures	shoes
la chemise	shirt
la jupe	skirt
le manteau	coat
le pantalon	pants
le pyjama	pajamas
la robe	dress

Une journée au zoo p. 12
A day at the zoo
Les animaux sauvages
Wild animals

le crocodile	crocodile
le dauphin	dolphin
l'éléphant	elephant
la girafe	giraffe
l'hippopotame	hippopotamus
le lion	lion
l'ours blanc	polar bear
le serpent	snake
le tigre	tiger

Dans la rue p. 14
In the street
La rue
The street

l'arrêt d'autobus	bus stop
l'autobus	bus
la bicyclette	bicycle
le camion	truck
les feux	traffic light
la rue	street
le trottoir	sidewalk
la voiture	car
la voiture de police	police car

À la plage p. 16
At the beach
La plage
The beach

les algues	seaweed
le coquillage	shell
la mer	sea
la mouette	seagull
le poisson	fish
le rocher	rock
le sable	sand
la vague	wave
le voilier	sailboat

Ma famille p. 18
My family
La famille
The family

mes cousins	my cousins
mon frère	my brother
ma grand-mère	my grandmother
mon grand-père	my grandfather
ma mère/maman	my mother/mom
mon oncle	my uncle
mon père/papa	my father/dad
ma sœur	my sister
ma tante	my aunt

C'est la fête p. 20
Party time!
La fête
The party

le chocolat	chocolate
le coca	soda
l'eau	water
les frites	french fries
le gâteau	cake
la glace	ice-cream
le jus d'orange	orange juice
la pizza	pizza
le sandwich	sandwich

Acheter les jouets p. 22
Shopping for toys
Les jouets
Toys

le baby-foot	table soccer
la balle	ball
le jeu	game
le jeu-vidéo	computer game
la maquette d'avion	model airplane kit
le nounours	teddy bear
les perles	beads
le puzzle	puzzle
le robot	robot

Faire la vaisselle p. 24
Doing the dishes
La cuisine
The kitchen

l'assiette	plate
la casserole	pot
le couteau	knife
la cuillère	spoon
la cuisinière	stove
l'évier	sink
la fourchette	fork
le frigo	fridge
le verre	glass

À la campagne p. 26
In the country
La campagne
The country

l'arbre	tree
le champ	field
la fleur	flower
la forêt	forest
l'herbe	grass
la montagne	mountain
l'oiseau	bird
le pont	bridge
la rivière	river

L'heure du bain p. 28
Bathtime
La salle de bains
The bathroom

la baignoire	bathtub
la brosse à dents	toothbrush
les cabinets	toilet
le dentifrice	toothpaste
la douche	shower
le lavabo	sink
le miroir	mirror
le savon	soap
la serviette	towel

Dans ma chambre p. 30
In my bedroom
La chambre
The bedroom

l'armoire	closet
l'étagère	shelf
la fenêtre	window
le lit	bed
la porte	door
le réveil	alarm clock
le tapis	rug
la télévision	television
le Walkman	cassette player